CP
6-7 ANS

Lecture

Albert Cohen
Jean Roullier
Professeurs des écoles
Maîtres formateurs

écris ton prénom

Présentation

Ce cahier propose à votre enfant des bases solides et des exercices pour l'aider dans son apprentissage de la **lecture** durant son année de **CP**.

▶ Chaque chapitre comporte 2 pages.

▶ Sur chaque double page, une notion est traitée et expliquée.

▶ Les exercices reprennent de façon systématique toutes les notions abordées en classe.

▶ Ils assurent ainsi, par une mise en application répétée de la règle, une parfaite acquisition des connaissances et des savoir-faire attendus.

CONSEILS PARENTS
Demandez à votre enfant de réciter l'alphabet par cœur puis invitez-le à nommer les lettres à l'envers.

Souviens-toi que dans une phrase, les mots sont séparés par des espaces.

■ Pour chaque chapitre, la **règle** est rappelée et accompagnée d'**exemples** dans la rubrique JE COMPRENDS . Très souvent, un CONSEIL PARENTS vous donnera une information pour vous aider à accompagner votre enfant dans son apprentissage de la lecture : cela peut être un conseil pratique, ou des exemples à prendre dans la vie quotidienne...

■ Les **exercices** proposent un système de graduation avec une, deux ou trois étoiles indiquant leur **niveau de difficulté**. Ils reprennent méthodiquement la notion abordée dans la double page de manière à optimiser l'assimilation des connaissances. Une petite ASTUCE , sur fond bleu, donne régulièrement à votre enfant un coup de pouce pour l'aider à résoudre un exercice.

■ L'utilisation d'**autocollants** (situés au centre de l'ouvrage) dans de nombreux exercices favorise l'apprentissage de la lecture par une démarche ludique, même si le temps de la réflexion est nécessaire. Avec les autocollants des chouettes, votre enfant peut s'amuser à décorer ses cahiers ou ses classeurs.

■ Au centre du cahier, les **corrigés détachables** permettent la vérification des acquis et l'évaluation des résultats par votre enfant seul ou aidé d'un adulte. En effet, votre enfant pourra ensuite cocher à côté de chaque exercice la case verte s'il l'a très bien réussi, la case orange s'il l'a moyennement réussi ou la case rouge si ses erreurs sont nombreuses. Il peut ensuite reporter ce résultat à la fin de chaque chapitre et dans le **tableau de bord** du cahier p. 3. Cela vous permettra de distinguer rapidement les notions bien acquises de celles qu'il est encore nécessaire d'approfondir, ce que votre enfant pourra faire grâce aux exercices supplémentaires et gratuits proposés sur le site www.hatier-entrainement.com.

■ Sur les dernières pages de ce cahier, votre enfant trouvera des **jeux de lecture**, un **tableau des sons** et un **abécédaire des animaux** pour l'aider à bien mémoriser l'alphabet.

© Hatier, 8 rue d'Assas, 75006 Paris • 2014 • ISBN : 978-2-218-97017-7
Conception graphique : Frédéric Jély • Édition : Imaginemos • Mise en page : STDI
• Illustrations : Nathalie Gavet • Chouettes : Adrien Siroy.

Toute représentation, traduction, adaptation ou reproduction même partielle, par tous procédés, en tous pays, faite sans autorisation préalable est illicite et exposerait le contrevenant à des poursuites judiciaires.
Réf. : loi du 11 mars 1957, alinéas 2 et 3 de l'article 41.
Une représentation ou reproduction sans autorisation de l'éditeur ou du Centre français d'exploitation du droit de copie (20, rue des Grands-Augustins, 75006 Paris) constituerait une contrefaçon sanctionnée par les articles 425 et suivants du Code pénal.

Achevé d'imprimer par Loire Offset Titoulet à Saint-Étienne
FRANCE
Dépôt légal 97017 7-01 - Novembre 2013

Ton tableau de bord

Reporte la date à laquelle tu as fini chaque page d'exercices et coche la case ☐☐☐ qui correspond à ton résultat.

		DATE				DATE
1	Utiliser les lettres de l'alphabet — p. 4 ☐☐☐	....	11	Lire les sons [d] et [t] — p. 24 ☐☐☐	....
2	Classer dans l'ordre alphabétique — p. 6 ☐☐☐	....	12	Lire les sons [m] et [n] — p. 26 ☐☐☐	....
3	Repérer les mots — p. 8 ☐☐☐	....	13	Lire les sons [v] et [f] — p. 28 ☐☐☐	....
4	Repérer les phrases — p. 10 ☐☐☐	....	14	Lire les sons [e] et [ɛ] — p. 30 ☐☐☐	....
5	Identifier les syllabes — p. 12 ☐☐☐	....	15	Lire les sons [ã], [ɔ̃] et [u] — p. 32 ☐☐☐	....
6	Reconnaître les voyelles et les consonnes — p. 14 ☐☐☐	....	16	Lire d'autres sons — p. 34 ☐☐☐	....
7	Lire les différentes écritures — p. 16 ☐☐☐	....	17	Construire des mots — p. 36 ☐☐☐	....
8	Lire les sons [a], [o] et [y] — p. 18 ☐☐☐	....	18	Construire des phrases — p. 38 ☐☐☐	....
9	Lire les sons [ə], [ø], [œ] et [i] — p. 20 ☐☐☐	....	19	Lire des phrases ou un texte — p. 40 ☐☐☐	....
10	Lire les sons [p] et [b] — p. 22 ☐☐☐	....	20	Comprendre un texte Identifier des personnages — p. 42 ☐☐☐	....

Jeux de lecture .... p. 44

Mémo Chouette .... p. 48

Autocollants .... au centre du cahier.

Corrigés .... dans le livret détachable au centre du cahier.

« Chouette bilan » : rendez-vous sur le site www.hatier-entrainement.com pour faire le bilan de tes connaissances en CP !

1 Utiliser les lettres de l'alphabet

JE COMPRENDS

Il y a **26 lettres** dans notre alphabet. Il faut savoir les reconnaître et donner leur nom.

a, b, c, d, e, f, g, h, i, j, k, l, m, n, o, p, q, r, s, t, u, v, w, x, y, z.

CONSEILS PARENTS

Demandez à votre enfant de réciter l'alphabet par cœur puis invitez-le à nommer les lettres à l'envers.

① Complète les mots en utilisant les lettres à ta disposition.
Barre chaque lettre que tu as utilisée.

Regarde bien l'illustration et entoure chaque mot après l'avoir écrit.

t • a • b • l • o • o • r • e • l • n • u • i

- b.....nc • f.....ll..... • .....allon
- ce.....ceau • gri.......e
- bala.....ç.....ire • .....able • préa.....

4

2 Pour chaque mot, colorie les lettres qui le composent.

- voiture : e, i, f, v, o, t, d, u, r
- maison : p, i, m, a, n, h, o, s
- chien : h, n, m, e, v, i, c

3 Colle l'autocollant qui vient compléter la liste, puis recopie les 6 mots en écriture cursive.

p et **b**	**d** et **t**	**n** et **m**
plombier	dentiste	nuit ....
	dinosaure	
		mer ....
baguette		

4 Colle les autocollants sous les mots correspondants puis réécris les mots en les corrigeant.

un citrou   le niage   l'oideau

Corrigés p. 2

Plus d'exercices et de conseils sur www.hatier-entrainement.com

2 Classer dans l'ordre alphabétique

JE COMPRENDS

Pour ranger les mots, on utilise l'**ordre alphabétique**.
C'est la première lettre du mot qui compte.

CONSEILS PARENTS
Quand vous faites vos courses, invitez votre enfant à identifier la première lettre des objets que vous achetez.

⭐ 1 **Range les mots de l'illustration dans l'ordre alphabétique.**

Avec un surligneur, marque au fur et à mesure le mot que tu as recopié.

a............... b............... c............... d...............

e............... f............... g............... h...............

i............... j............... k............... l...............

m............... n............... o............... p...............

q............... r............... s............... t...............

u............... v............... w............... x...............

y............... z...............

6

2 Complète les suites.

| ...... | g | ...... |

| ...... | ...... | d |

| p | ...... | ...... |

3 Colle les autocollants devant la colonne correspondante.

commence par v

commence par t

commence par r

commence par d

commence par o

commence par c

commence par l

commence par h

commence par v

commence par t

commence par r

commence par p

commence par f

commence par g

commence par m

commence par u

4 Écris VRAI ou FAUX.

e est après g ....

w est avant a ....

h est avant m ....

b est avant p ....

5 Écris ces mots en les rangeant dans l'ordre alphabétique.

araignée   chien   baleine   dauphin   éléphant

Corrigés p. 2

Plus d'exercices
et de conseils sur
www.hatier-entrainement.com

7

3 Repérer les mots

JE COMPRENDS

Pour repérer un mot parmi d'autres, il faut **reconnaître** toutes les lettres qui le composent et vérifier qu'elles sont dans **le bon ordre**.

maison est un mot.   aisomn n'est pas un mot.

CONSEILS PARENTS
Demandez à votre enfant de compter les lettres des mots de l'exercice 1 et choisissez 5 mots ; il devra ranger les lettres qui les composent dans l'ordre alphabétique.

★ **1** **Colle l'autocollant puis indique le nombre de mots que contient chaque ensemble.**

maison ficelle de		avant maman sœur
service classe je		jardin vous dedans
car elle beau		navet ferment partir

…………………   …………………   …………………   …………………

☐ ☐ ☐

★ **2** **Écris le nombre de mots pour chaque ligne.**

- Le garçon de la classe qui a gagné est mon frère. …………
- Dans mon pays, la neige et le vent sont les amis de l'hiver. …………
- Les lignes de ma feuille s'envolent sous mon crayon. …………
- Valérie travaille vite avec son nouvel ordinateur. …………

☐ ☐ ☐

Souviens-toi que dans une phrase, les mots sont séparés par des espaces.

★★ **3** **Colle l'autocollant puis souligne le mot identique au modèle.**

voiture	toiture	voiture		pointure
chien	bien	chien		tien
camion	combien	avion		camion
bille	quille	fille		bille
avec	avec	avant		attends

☐ ☐ ☐

8

4. Pour chaque ligne, écris combien de fois on peut lire le même mot et entoure-le.

....   tableau   école   tableau   chaise   tableau   bureau   tableau

....   machine   client   maline   crier   client   client   matin   clic

....   le   la   les   la   des   de   la   du   la   me   mes   ma   la

....   mais   et   ou   donc   mais   or   ne   ni   mais   plus   pas

5. Entoure dans le texte le mot qui est écrit 6 fois puis recopie-le.

Dans mon jardin secret, tous les animaux sont mes amis. Ils aiment venir dans mon jardin dès le matin. Le lion, roi des animaux, garde la porte du jardin. Les autres animaux viennent manger les fruits dans le jardin. Et le plus petit des animaux ne dort jamais sur la pelouse du jardin car l'herbe est trop haute. C'est souvent la fête, dans ce jardin secret et c'est très bien !

6. Écris chaque mot en remettant les lettres dans l'ordre.

éolv   aout   oomt

Corrigés p. 2

Plus d'exercices et de conseils sur www.hatier-entrainement.com

9

4 Repérer les phrases

JE COMPRENDS

Une phrase commence par une **majuscule** et finit par un **point**.
C'est un ensemble de mots **ordonnés** qui a un **sens**.
Elle peut s'écrire sur plusieurs lignes.

| Je mange une pomme. | C'est une phrase. |
| je pomme la . mange | Ce n'est pas une phrase. |

CONSEILS PARENTS

Demandez régulièrement à votre enfant de lir les panneaux dans la rue et de compter les phrases.

 Entoure chaque phrase.

- Les voisins sont arrivés ce matin.

- Dans cette école, les enfants peuvent jouer au ballon tous les jours.

- Plusieurs équipes de rugby doivent se rencontrer pour disputer un tournoi.

- Le loup et la poule sont devenus des amis depuis que les poussins ont quitté le nid.

- « Voilà, voilà, j'arrive ! » crie le serveur dans la salle du restaurant.

 Mets une croix à la fin de chaque phrase.

La moto de mon tonton est une très vieille machine. X Dans cette forêt, les champignons sont délicieux et ils sont surtout magiques.   Tous ces gros nuages dans le ciel annoncent un orage.   La liste des invités est importante, alors ma mère et mon père ont décidé de faire la fête dans le garage.
Quand le téléphone sonne, c'est toujours ma mamie qui répond.

 Remets les mots en ordre puis écris la phrase.

lire   écrit   une   les   phrase,   mots   l'ordre.   Pour   on   dans

....

....

....

Commence par le mot qui contient une majuscule et termine par celui situé juste devant le point.

10

4 **Recopie la troisième phrase de ce texte.**

Chaque matin depuis le début de l'année, c'est mon frère qui m'accompagne à l'école. Mais aujourd'hui, il est malade. C'est donc mon grand-père Nonno qui est venu pour le remplacer. Il va rester à la maison toute la semaine. C'est vraiment une bonne nouvelle !

5 **Compte le nombre de phrases de ce texte.**

L'automne approche ! Les feuilles des arbres commencent à tomber. Les couleurs de la forêt rougeoient. Tous les animaux savent que les pluies vont arriver et que les hommes vont moins les déranger. Les sangliers sortent sur les chemins. Les lapins aménagent les terriers. Enfin, les chevreuils ne se cachent plus pour profiter du grand air.

Dans ce texte, il y a .... phrases.

6 **Compte le nombre de lignes puis le nombre de phrases de ce texte.**

Mes trois filles font de la danse. Je suis très fier d'elles. Elles aiment se retrouver devant le miroir de la salle de répétitions. Chacune leur tour, elles font tous les pas que le professeur a montrés. C'est de plus en plus difficile mais elles s'accrochent. Pour elles, c'est une passion.

Nombre de lignes : .... Nombre de phrases : ....

Corrigés p. 2-3

Plus d'exercices et de conseils sur www.hatier-entrainement.com

11

5 Identifier les syllabes

JE COMPRENDS

Les mots se composent d'une ou plusieurs **syllabes**. Chaque syllabe se compose d'une ou plusieurs **lettres** qui forment un **son**.

CONSEILS PARENTS
Jouez avec les prénoms de la famille, des amis et tapez dans les mains chaque syllabe du prénom choisi.

1 Pour chaque mot, écris le nombre de syllabes.

| é | lé | phant | .... |

| mou | choir | .... |

| or | di | na | teur | .... |

| li | vre | .... | | sty | lo | .... |

| ven | ti | la | teur | .... |

2 Colle les autocollants pour faire correspondre les mots avec le bon nombre de syllabes.

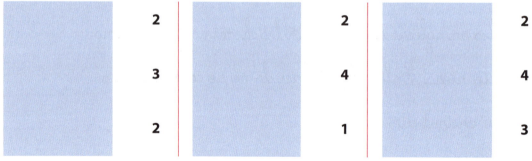

	2		2		2
	3		4		4
	2		1		3

3 Classe les mots dans le tableau.

● téléphoner ● chemin ● table ● papillon ● ordinateur ● médecin
● emporter ● rideaux ● récréation ● magasin.

Mots de 2 syllabes	Mots de 3 syllabes	Mots de 4 syllabes

Lis les mots à voix haute et sépare les syllabes par un trait **/**.

4 Place l'autocollant et relie les syllabes pour former des mots.

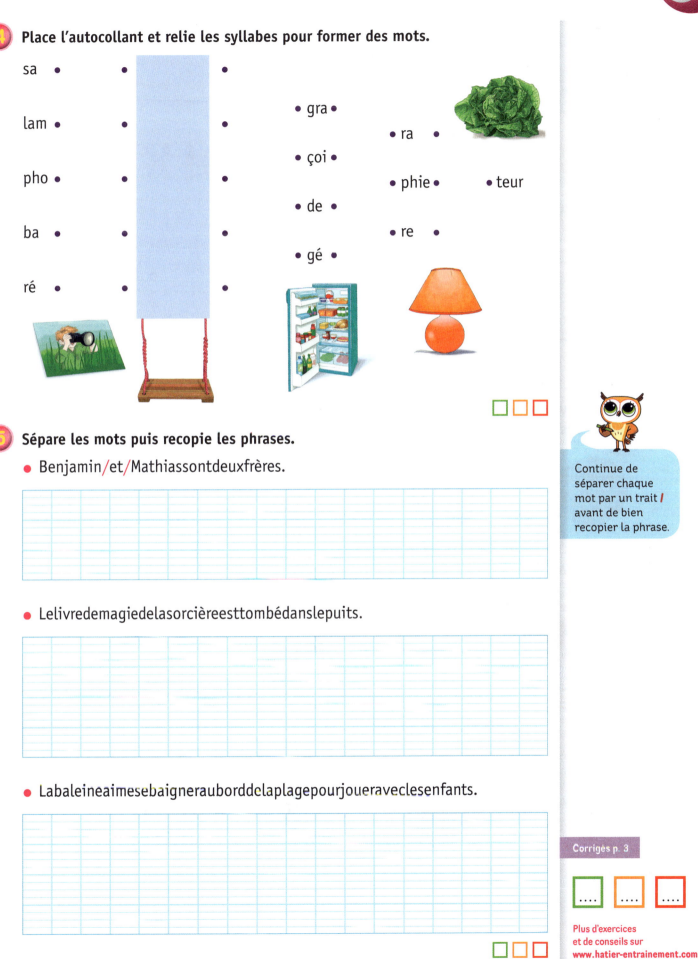

5 Sépare les mots puis recopie les phrases.
- Benjamin/et/Mathiassontdeuxfrères.

- Lelivredemagiedelasorcièreesttombédanslepuits.

- Labaleineaimesebaigneraubordd claplagepourjoueraveclesenfants.

Continue de séparer chaque mot par un trait **/** avant de bien recopier la phrase.

Corrigés p. 3

Plus d'exercices et de conseils sur www.hatier-entrainement.com

13

6 Reconnaître les voyelles et les consonnes

JE COMPRENDS

Notre alphabet comporte **6 voyelles** et **20 consonnes**.
- Les voyelles : **a – e – i – o – u – y**.
- Les consonnes : **b – c – d – f – g – h – j – k – l – m – n – p – q – r – s – t – v – w – x – z**.

CONSEILS PARENTS

Quand vous lisez une histoire, demandez à votre enfant d'identifier les voyelles et les consonnes dans les mots du titre.

 1 Dans chaque mot, entoure les voyelles.

cornichon

tablette

disque oreille ours

chaussure

voyageur modifier

 2 Colle les autocollants puis complète les mots à l'aide des voyelles a, e, i, o et u.

r.....quette   s.....upe   ball.....   f.....celle

tro.....   impr.....mante   mot.....   c.....rte

3 Relie un mot à chaque consonne.

| r | t | b | v | g |

• • • • •

• • • • •

tasse   lire   gage   vache   baba

4 Colorie en bleu les voyelles en minuscule, en jaune les voyelles en majuscule, en vert les consonnes en minuscule et en orange les consonnes en majuscule.

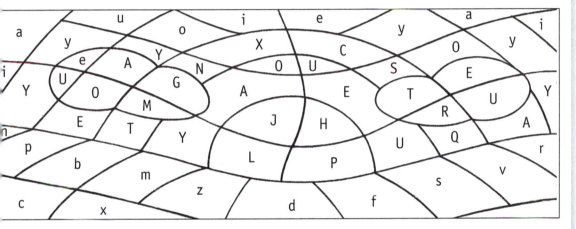

5 Colle les autocollants dans le tableau.

Plus de voyelles	Plus de consonnes
autre	clavier

Entoure la consonne de chaque mot pour t'aider.

Corrigés p. 3

Plus d'exercices et de conseils sur www.hatier-entrainement.com

15

7 Lire les différentes écritures

JE COMPRENDS

On peut écrire les mots de plusieurs manières :

● en **script** comme dans les livres

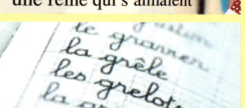

● en cursives comme sur ton cahier (c'est l'écriture attachée)

● dans les deux écritures, il y a des **minuscules** et des **majuscules**.

CONSEILS PARENTS
Sur une ardoise, écrivez un mot en cursive et demandez à votre enfant de le retrouver dans une revue, un journal ouvert à la bonne page.

★ **1** Colle les autocollants et relie les lettres jumelles.

r •   •   • Q
j •   •   • H
x •   •   • I
p •   •   • Y
z •   •   • P
t •   •   • M
d •   •   • V

g   k   a   b   u   f   e
•   •   •   •   •   •   •

•   •   •   •   •   •   •
e   b   k   f   a   g   u

16

2 Colle les autocollants des mots écrits en script ou en cursives.

🍌		*la banane*
🍐	des poires	
🍇	du raisin	
🍎		*une pomme*
🍒		
🍍		*un ananas*

3 Remets les lettres de chaque mot dans l'ordre puis écris les mots en cursives.

outmon .... opuel ....

oncohc .... avhec ....

hacvel .... dcnraa ....

Prononce le nom de chaque animal à voix haute.

Corrigés p. 3-4

Plus d'exercices et de conseils sur www.hatier-entrainement.com

17

8 Lire les sons [a], [o] et [y]

JE COMPRENDS

▸ Le son [a] peut s'écrire **a** comme dans v**a**llée, **à** comme dans l**à** ou **â** comme dans **â**ge.

▸ Le son [o] peut s'écrire **o** comme dans m**o**t**o**, **au** comme dans **au**to ou **eau** comme dans chap**eau**.

▸ Le son [y] peut s'écrire **u** comme dans l**u**ne ou **û** comme dans fl**û**te.

CONSEILS PARENTS
Demandez à votre enfant de lire des mots avec les sons [a] ou [o] ou [y] dans un journal, sur une affiche... Jouez également à pigeon vole avec a-o-u.

★ **1** Lis puis colorie le mot en jaune quand tu entends [a].

l'avion — une antenne — un ventilateur — devant — partir — le crayon — une carte — la tarte — le train — malade

★ **2** Lis puis colorie le mot en bleu quand tu entends [o].

aujourd'hui — beau — bon — la corde — un cadeau — un ordre — le trou — l'autobus — autre — contre — le poisson — un compte

★ **3** Lis puis colorie le mot en vert quand tu entends [y].

la prune — oui — une loupe — hurler — le fugitif — un fou — un forum — l'urne — un marqueur — un trou — la dune

★ **4** Dessine :

un vélo — la lune — un cahier

5 Colle les autocollants pour compléter les 3 listes.

moto	autruche	cadeau
loto	taupe	bateau
bobo	chaud	chapeau

6 Complète avec le son [a], [o] ou [y].

- une .....reille • la l.....ne • un h.....tel
- un drap........ • un crap........d • une noix de c.....c.....
- le j.....doka • les pl.....mes • des .....rbres
- une .....nnée • un cad........ • voil.....

Prononce chaque mot avant d'écrire la lettre qui convient.

7 Colorie la case en jaune si tu vois a, en bleu si tu vois o et en vert si tu vois u.

gros
dure
plate
un
forêt
grand
long
large
pur

8 Écris VRAI ou FAUX.

Le son [o] peut s'écrire de 3 façons. ....

Dans **abracadabra**, il y a 6 **a**. ....

Dans **manteau**, on entend le son [a]. ....

a, **o** et **u** sont des voyelles. ....

Dans **une** et **loup**, le **u** se prononce de la même façon. ....

Corrigés p. 4

Plus d'exercices et de conseils sur www.hatier-entrainement.com

9 Lire les sons [ə], [ø], [œ] et [i]

JE COMPRENDS

Le son [ə] peut s'écrire :
- **e** comme dans gr**e**lot et il se prononce ; ou comme dans tabl**e** et il ne se prononce pas : il est muet.
- **ent** comme dans dans**ent**, il indique que le verbe est au pluriel.

Le son [ø] s'écrit **eu** comme dans j**eu**di.

Le son [œ] s'écrit **œu** comme dans **œu**f ou **eu** comme dans n**eu**f.

Le son [i] peut s'écrire **i** comme dans t**i**p**i** ou **y** comme dans p**y**jama.

CONSEILS PARENTS
Demandez à votre enfant de dire le son qu'il reconnaît sur les écrits du quotidien : identifier les sons [ə] et [i].

1 Colorie le mot en vert quand la lettre e est muette.

la voiture — la vignette — les brebis — il marque
premier — un chemin — la valise
une étoile — il a peur

2 Colorie le mot en rouge quand tu entends [ə].

les bretelles — tu chantes — il porte — crever — la brebis
petit — la tasse — regarder
un cheveu — nous recouvrons

3 Colorie le mot en bleu quand tu entends [i].

cinéma — une pipe — un lapin — du radis
le toit — la tige — libre

4 Sépare les mots puis recopie la phrase.

Dans/cettevalléetoutelajournéelebergersurveillesesbrebisavecKikisonchien.

20

5 Écris VRAI ou FAUX.

Marchent est un verbe au pluriel. ....

Dans poubelle, les deux e sont muets. ....

Dans patiner, j'entends le son [ə]. ....

Je compte 3 fois la lettre e dans chanteuse. ....

Dans bœuf, je vois la lettre e. ....

6 Colle les autocollants dans le tableau.

e	eu	œu

7 Souligne les verbes au pluriel.

Pendant les vacances à la montagne, Clovis et son frère découvrent le ski.
Ils prennent des cours avec un moniteur tous les matins. Mais c'est avec papa et maman qu'ils s'amusent. Ils dévalent les pistes avec plaisir. À la fin d'une bonne journée, on a le droit de boire un bon chocolat bien chaud.

Le verbe, c'est le mot qui indique une action. Avec **ils** ou **elles**, on écrit **-ent** à la fin des verbes.

Corrigés p. 4

Plus d'exercices et de conseils sur www.hatier-entrainement.com

10 Lire les sons [p] et [b]

JE COMPRENDS

Ne confonds pas les lettres **p** et **b** qui se ressemblent mais qui ont des sons bien différents.

pou et **b**out / *pou* et *bout*

CONSEILS PARENTS

Quand vous avez fini de lire votre journal, donnez un crayon à votre enfant et demandez-lui d'entourer toutes les lettres b et le lendemain, tous les p.

1 Entoure le mot quand tu vois la lettre **p**.

- un patin • une boutique • pratique • un baquet
- une pique • une brique • opaque • un appel
- le parquet • une tique • pacifique • bouger

2 Entoure le mot quand tu vois la lettre **b**.

- une boisson • la poste • bonjour • habiter
- papi • une combinaison • des bijoux • une bougie
- la biche • le dindon • un coq

3 Écris les mots et colle les autocollants dans la bonne colonne.

- du pain • un bain • un palais
- une poire • un buisson • boire

J'entends [p]	J'entends [b]

22

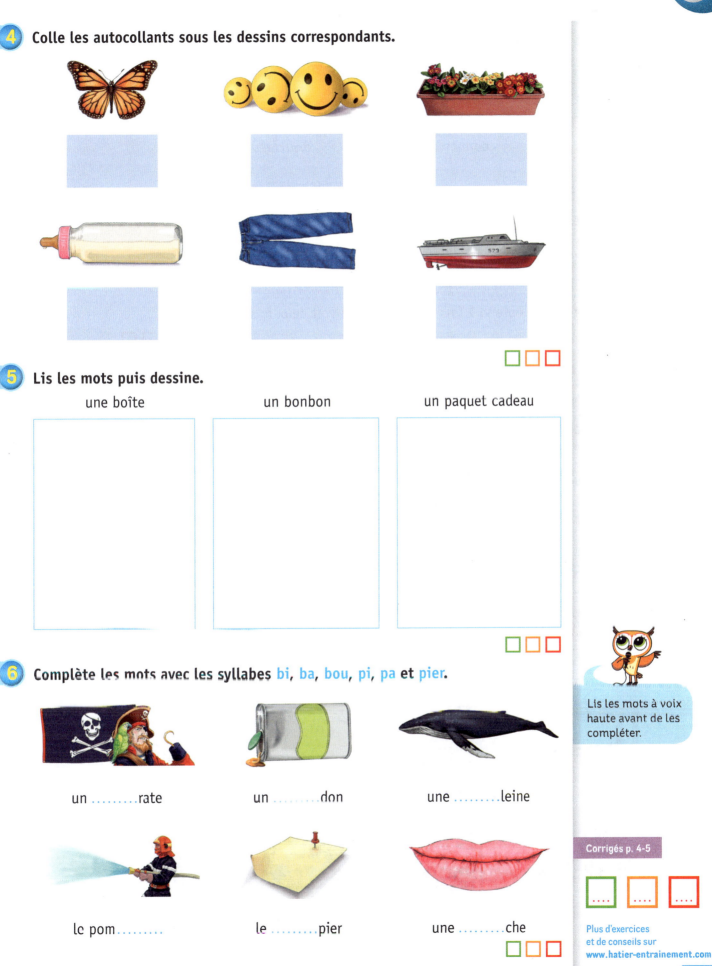

11 Lire les sons [d] et [t]

JE COMPRENDS

Attention à ne pas confondre les sons [d] et [t] qui sont voisins.

donner / **t**onner   doucher / toucher

CONSEILS PARENTS

Sur les affiches, dans la rue, demandez à votre enfant de lire les mots avec les lettres d et t. En faisant vos courses, demandez-lui qu'il vous donne les noms d'aliments avec ces mêmes lettres.

★ **1** Écris VRAI ou FAUX.

- Les lettres **d** et **t** sont des voyelles. ....
- Dans le mot **dimanche**, on entend le son [t]. ....
- Dans le mot **addition**, on entend deux fois le son [d]. ....
- Dans **toiture**, on entend 2 fois le son [t] et on voit deux fois la lettre **t**. ....

★ **2** Entoure le mot quand tu entends [t].

- la voiture • une voilure • la douche • une vitre • une photographie
- des travaux • un poulet • des pâtes • le dîner

★ **3** Dans chaque mot, colorie la lettre **d**.

- danser • de la dinde • le danger
- une dent • une idée • une adresse
- les dinosaures

★★ **4** Complète avec les syllabes **ton, ta, ti, tour, di, din, da** et **de**.

une ....ble   une ....me   les ....voirs   la ....relire

un ....don   des ....niquets   un ....sque   une ....deuse

p. 25	les tiges	dix	le triple	le toit	un doigt	
	le double	tomber	droit	déchirer	treize	
p. 26	l'automne	des enfants	la manche	il nage		
	elle tombe	mon copain	ce matin	le carnaval		
	je compte	devant	une tomate	l'âne		
	des bombes	il peint	des larmes	tu donnes		
	ma jambe	le pont	un aliment	la laine		
	la lambada	enfin	des limites	la nuit		
p. 29	tardif	le coiffeur	vendredi	avant	la voile	voici
	mon fils	facile	affreuse	fier	il est vieux	vilain
p. 30	chez		neige	faire	étoile	
	miner	p. 31	frère	mangez	marcher	
	née		poulet			
	me					
	bé					en
	son			p. 33		jam
p. 32	pompier	tondre	hérisson	ombre		man
	nombre	pondre	savon	pompe		
	tomber	carton	onze	compter		vem

3 p. 5	tambour　　boule　　navire　　touriste　　moulin　　pilote
4 p. 5	*l'oiseau*　　*le nuage*　　*un citron*
p. 7	voilà　　visiter table　　télévision regarde　　route dormir　　photo oreille　　fier chaussette　　grande lancer　　mignon hôpital　　utile
1 p. 8	histoire　poule　ferme gare　les　képi　tu　que dans　viens　laver
3 p. 8	voiture lien carton bille accent
p. 12	vélo　　carton　　ballon télévision　　échafaudage　　écouteur pas　　pantalon　　cahier

p. 13

pe

to

la

fri

lan

CP
6-7 ANS

CORRIGÉS

Lecture

CORRIGÉS

Unité 1

Utiliser les lettres de l'alphabet p.4

1 banc • fille • ballon • cerceau • grille • balançoire • table • préau.

2 *Colorier* : v o i t u r e • m a i s o n • c h i e n.

3 p et b : plombier • pilote • boule • baguette.
d et t : dentiste • dinosaure • tambour • touriste
n et m : nuit • navire • mer • moulin.

4 un citron • le nuage • l'oiseau.

Unité 2

Classer dans l'ordre alphabétique p.6

1 avion • ballon • crème • dos • enfant • fille • garçon • hélice • île • joue • koala • livre • maman • navire • ours • pelle • quille • râteau • seau • trou • usine • voiture • wagon • Xavier • yoyo • zèbre.

2 f g h   b c d   p q r

3

voilà	commence par v
table	commence par t
regarde	commence par r
dormir	commence par d
oreille	commence par o
chaussette	commence par c
lancer	commence par l
hôpital	commence par h

visiter	commence par v
télévision	commence par t
route	commence par r
photo	commence par p
fier	commence par f
grande	commence par g
mignon	commence par m
utile	commence par u

4 e est après g : faux
• w est avant a : faux
• h est avant m : vrai
• b est avant p : vrai.

5 araignée • baleine • chien • dauphin • éléphant.

Unité 3

Repérer les mots p.8

1 9 • 11 • 9

2 11 • 13 • 9 • 7

3 *Souligner* : voiture • chien • camion • bille • avec.

4 tableau : 4 fois • client : 3 fois • la : 5 fois • mais : 3 fois.

5 jardin

6 vélo • auto • moto.

Unité 4

Repérer les phrases p.10

1
Dans cette école, les enfants peuvent jouer au ballon tous les jours.

Plusieurs équipes de rugby doivent se rencontrer pour disputer un tournoi.

Le loup et la poule sont devenus des amis depuis que les poussins ont quitté le nid.

« Voilà, voilà, j'arrive ! » crie le serveur dans la salle du restaurant.

CORRIGÉS

2 La moto de mon tonton est une très vieille machine. X Dans cette forêt, les champignons sont délicieux et ils sont surtout magiques. X Tous ces gros nuages dans le ciel annoncent un orage. X La liste des invités est importante, alors ma mère et mon père ont décidé de faire la fête dans le garage. X Quand le téléphone sonne, c'est toujours ma mamie qui répond. X

3 Pour lire une phrase, on écrit les mots dans l'ordre.

4 C'est donc mon grand-père Nonno qui est venu pour le remplacer.

5 7 phrases.

6 4 lignes et 6 phrases.

Unité 5

Identifier les syllabes p.12

1 éléphant : 3 • mouchoir : 2 • ordinateur : 4 • livre : 2 • stylo : 2 • ventilateur : 4.

2

ballon	2	vélo	2	carton	2
écouteur	3	télévision	4	combinaison	5
cahier	2	pas	1	pantalon	3

3 2 syllabes : chemin • table • rideaux.
3 syllabes : papillon • médecin • emporter • magasin.
4 syllabes : téléphoner • ordinateur • récréation.

4 salade • lampe • photographie • balançoire • réfrigérateur.

5 Benjamin et Mathias sont deux frères.
• Le livre de magie de la sorcière est tombé dans le puits.
• La baleine aime se baigner au bord de la plage pour jouer avec les enfants.

Unité 6

Reconnaître les voyelles et les consonnes p.14

1 cornichon • tablette • disque • oreille • ours • voyageur • modifier • chaussure.

2 raquette • soupe • balle • ficelle • trou • imprimante • moto • carte • allumette • valise • billes • feuille.

3 r et lire • t et tasse • b et baba • v et vache • g et gage.

4

5 *Plus de voyelles* :
autre • voyage • route • étiquette.

Plus de consonnes :
clavier • calendrier • photo • manger.

Unité 7

Lire les différentes écritures ...p.16

1 1re colonne : r et r, j et j, x et x, p et p, z et z, t et t, d et d.

3

CORRIGÉS

2ᵉ colonne : g et *g*, k et *k*, a et *a*, b et *b*, u et *u*, f et *f*, e et *e*.
3ᵉ colonne : M et *M*, Y et *Y*, Q et *Q*, S et *S*, H et *H*, V et *V*, J et *J*.

2 la banane / *la banane* ;
des poires / *des poires* ;
du raisin / *du raisin* ;
une pomme / *une pomme* ;
des cerises / *des cerises* ;
un ananas / *un ananas*.

3 *mouton • cochon • cheval • poule • vache • canard.*

Unité 8

Lire les sons [a], [o] et [y] p.18

1 *Colorier* : l'**a**vion • un ventil**a**teur • p**a**rtir • une c**a**rte • la t**a**rte • m**a**lade.

2 *Colorier* : a**u**jourd'hui • b**eau** • un cad**eau** • **au**tre • l'**au**tob**u**s.
(*corde* et *ordre* font entendre le son [ɔ])

3 *Colorier* : la pr**u**ne • h**u**rler • l'**u**rne • le f**u**gitif • la d**u**ne.

5 moto • loto • bobo • chocolat / robot / rose .
autruche • taupe • chaud • autobus / haut / animaux .
cadeau • bateau • chapeau • gâteau • râteau • manteau .

6 une oreille • la lune • un hôtel • un drapeau • un crapaud • une noix de coco

• le judoka • les plumes • des arbres • une année • un cadeau • voilà.

7 gros • dure • plate • un • grand • long • forêt • large • pur .

8 vrai • faux (5 a) • faux • vrai • faux.

Unité 9

Lire les sons [ə], [ø], [æ] et [i] ...p.20

1 *Colorier* : la voitur**e** • la vignett**e** • il marqu**e** • la valis**e** • une étoil**e**.

2 *Colorier* : les br**e**telles • cr**e**ver • la br**e**bis • p**e**tit • r**e**garder • un ch**e**veu • nous r**e**couvrons.

3 *Colorier* : c**i**néma • une p**i**pe • du rad**i**s • la t**i**ge • l**i**bre.

4 Dans cette vallée toute la journée le berger surveille ses brebis avec Kiki son chien.

5 vrai • faux • faux • faux • vrai.

6 *e* : la gomme   encore • entoure   la date
eu : jeudi   un jeu • il pleut   une queue
œu : un œuf   le bœuf • le cœur   le nœud

7 *Souligner* : décou**vr**ent • pr**e**nnent • s'am**u**sent • dév**a**lent.

Unité 10

Lire les sons [p] et [b] p.22

1 *Entourer* : un **p**atin • **p**ratique • une **p**ique • o**p**aque • un a**p**pel • le **p**arquet • **p**acifique.

4

CORRIGÉS

2 *Entourer* : une **b**oisson • **b**onjour
• ha**b**iter • une com**b**inaison • des **b**ijoux
• une **b**ougie • la **b**iche.

3 *J'entends [p]* : du pain • un palais
• une poire • un port • un poisson
• un pantalon .
J'entends [b] : un bain • un buisson • boire
• un balai • le bord • une boisson .

6 un pirate • un bidon • une baleine
• le pompier • le papier • une bouche.

Unité 11

Lire les sons [d] et [t] p.24

1 faux • faux • faux • vrai.

2 *Entourer* : la voi**t**ure • une vi**t**re
• une pho**t**ographie • des **t**ravaux
• des pâ**t**es.

3 **d**anser • **d**e la **d**in**d**e • le **d**anger
• une **d**ent • une i**d**ée • une a**d**resse
• les **d**inosaures.

4 une table • une dame • les devoirs
• la tirelire • un dindon • des tourniquets
• un disque • une tondeuse.

5 *J'entends [d]* : droit • un doigt
• dix • le double • déchirer .
J'entends [t] : le toit • les tiges • treize
• le triple • tomber .

6 Le dessin d'un train
• La tarte au chocolat
• une addition au tableau

• danser dans la rue
• une raquette de tennis.

Unité 12

Lire les sons [m] et [n] p.26

1 *Colorier* : la **m**aison • une **m**armite
• **m**amie • un **m**oulin • la li**m**ace • le **m**atin.

2 *Colorier* : un **n**ou**n**ours • **n**ager
• la fontai**n**e • des can**n**es • un **n**id.

3 *Je vois m et j'entends [m]* : la manche
• ce matin • une tomate • des larmes
• un aliment • des limites .
Je vois m mais je n'entends pas [m] :
l'automne • elle tombe • je compte
• des bombes • la jambe • la lambada .
Je vois n et j'entends [n] : il nage
• le carnaval • l'âne • tu donnes
• la laine • la nuit .
Je vois n mais je n'entends pas [n] :
des enfants • mon copain • devant
• il peint • le pont • enfin .

4 Co**m**me chaque **m**ercredi, les a**n**i**m**ateurs **n**ous proposent u**n**e sortie. Ce **m**ati**n**, **n**ous allo**n**s à la piscine avec le centre de loisirs. Je **m**e sais pas encore bien **n**ager **m**ais je vais da**n**s l'eau surtout pour **m**'a**m**user.

5 Pendant la promenade, les nuages ont caché le soleil et la pluie est tombée.

6 une noix • la mer • un marteau • la niche • la montagne • un ananas.

5

CORRIGÉS

Unité 13

Lire les sons [v] et [f] p.28

① vrai • vrai • vrai • faux • faux.

② la farine • des filles • la forêt • une fuite • craintif • mes affaires • facile.

③ *Entourer* : le na**v**ire • la **v**oiture • acti**v**e • les li**v**res • nous la**v**ons • mon **v**oisin • in**v**iter.

④ ficelle • feuille • fraise • feu.

⑤ un voilier • un four • une famille • un village.

⑥ *J'entends [v]* : la voile voici • il est vieux vilain • vendredi avant.
J'entends [f] : mon fils facile • tardif le coiffeur • affreuse fier.

Unité 14

Lire les sons [e] et [ɛ] p.30

① bébé • matinée • marchez • raison • même • éliminer.

② écoute • poésie • rêve • fête • mère • très • passé • manège • sirène • même.

③ *ai* : un balai • il avait • une falaise • ils marchaient.
ez : le nez • vous lavez • vous parlez.
ei : beige • une reine • de la peine • pleine.

④ *Entourer* : all**er** • achet**er** • march**er** • lev**er** • jet**er** • rigol**er**.

⑤ écrivez • peine • fait tomber • gagné • et • j'aime regarder • jouet • cassé • nez • maison.

⑥ étoile • faire • frère • marcher • neige • mangez • poulet.

Unité 15

Lire les sons [ã], [ɔ̃] et [u] p.32

① *Colorier* : le serpent • le tambour • la langue.

② *on* : hérisson • savon • onze • tondre • pondre • carton.
om : pompier • nombre • tomber • ombre • pompe • compter.

③ novembre • mange • jambe • entre.

④ [ã] : maman • enfant • trembler • enfiler • temps.
[u] : poule • loupe • trou • courte • lourde • ouverte.
[ɔ̃] : trombe • longue • sombre • conte.

⑤ hirondelle • hérisson • embrasser.

Unité 16

Lire d'autres sons p.34

① Le renard dans la forêt est souvent l'animal le plus malin. Il sait se cacher pour attendre sa proie. Chaque jour, il chasse seul et revient au terrier la gueule chargée de gibier.

6

CORRIGÉS

2 *J'entends [z] :* maison • fraise • onze • gazon • zèbre • poison.
J'entends [k] : cartable • kangourou • cirque • sucre • sac • carton.

3 mois • oui • foin • noix.

4 un appareil • un écureuil • du travail • des billes • de l'andouille • j'ai sommeil.

Unité 17

Construire des mots p.36

1 maison • étiquette • regarder • hélicoptère • magnifique.

2 janvier • vache • stylo • carton • transporterons • descendre • montagne • école • vendredi • cartable • armoire • pantalon.

3 chemin, cheval • valise, vase, livre
• malade, salade, balade
• maison, maire, sonner.

4 au(do)tobus / autobus
• (gru)avion / avion
• remor(bi)que / remorque
• bi(lou)cyclette / bicyclette
• ba(jon)teau / bateau
• camion(fer) / camion
• tro(que)ttinette / trottinette.

5 oiseaux • nuages • jungle • protège • bébés • dauphin • repose • plumage • chante.

6 géométrie • costume • gymnastique.

Unité 18

Construire des phrases p.38

1 Souligner : Tous les enfants jouent dans le parc. • Regarde, les canards dorment sur le lac ! • Je préfère le vélo plutôt que les patins à roulettes.

2 … graines dans la cour. • … la boue de la ferme. • … marchent en ligne
• … ont la peau du cou qui pend
• … le chien monte la garde.

4 Le garçon aide sa petite sœur à s'habiller.
Mon petit cousin va dans le jardin.
Ma grand-mère fait des confitures à la fraise.
Son tonton adore pêcher de gros poissons dans la rivière.

Unité 19

Lire des phrases ou un texte . . . p.40

1 ⟦1⟧ La petite fille joue avec ses poupées. ⟦2⟧ Elle doit d'abord les coiffer et les habiller. ⟦3⟧ Ensuite, elle les promène dans sa chambre. ⟦4⟧ Enfin, elle les range dans son coffre à jouer.

2 *Barrer :* masque • fenêtre • dents • coiffeur • banane.

3 *Barrer :* maison • matinée • forte • nuit • dormir.

7

CORRIGÉS

④ Le loup dans la forêt attend sa proie. Le petit garçon fait du vélo pour la première fois. Il n'a pas mangé depuis plusieurs jours. Il voit un agneau. Il a très peur de tomber. Il lui saute dessus et le dévore. Il a mis des protections aux coudes et aux genoux. Il démarre et roule comme un champion. Enfin un vrai repas ! Il a réussi à faire le tour de la maison.

⑤ ville • enfants • l'obscurité • tranquilles • toutes • rêves • cheminée.

Unité 20

Comprendre un texte – Identifier des personnages p.42

① *Souligner* : Dimitri.

② Mettre une croix après : Dimitri rêve. La princesse s'appelle Lilou. La princesse embrasse Dimitri.

③ Le rêve de Dimitri.

④ Je vais gagner tous les combats pour vous, princesse !

⑤ Le foulard de la princesse est bleu. Il combat avec une lance. C'est Toutou son petit chien qui le réveille. Il va aller à l'école.

Jeux de lecture

1. Mots mêlés p.44

C	D	S	P	H	F	C	F	T	U
H	W	A	O	P	O	A	N	U	S
A	E	L	R	R	U	N	E	A	F
M	N	O	T	T	R	A	T	E	E
B	I	N	E	Y	C	P	T	T	N
R	S	U	M	X	H	E	E	U	E
E	I	E	T	T	E	L	I	O	T
L	U	T	I	L	T	B	S	C	R
Y	C	P	G	S	T	A	S	R	E
C	H	A	I	S	E	T	A	G	C

2. Texte codé p.45
Une phrase est un ensemble de mots ordonnés qui a un sens. Elle commence par une majuscule et se termine par un point.

3. Mots croisés p.46

1. MÉTRO
2. VOITURE
3. POUSSETTE
4. AUTOBUS
5. TAXI
6. AVION
7. VÉLO
8. BATEAU
9. TRAIN
10. FUSÉE

4. Message mystère p.47
Pour ranger les mots, on utilise l'ordre alphabétique et c'est la première lettre qui compte.

8

p. 14	*feuille*	*bille*	*valise*	*allumette*		
p. 15	voyage	photo	manger	étiquette	calendrier	route
p. 16	M x					
	Y d					
	Q p					
	S j					
	H r					
	V z					
	J t					
p. 17	*des poires*	une pomme	la banane	*les cerises*		
	du raisin	un ananas	les cerises			
p. 19	gâteau	chocolat	autobus			
	râteau	robot	haut			
	manteau	rose	animaux			
p. 21	jeudi	le cœur	entoure	il pleut	un œuf	la gomme
	un jeu	le nœud	la date	une queue	le bœuf	encore
p. 22	une boisson	un port	un balai	un pantalon	le bord	un poisson
p. 23	un pot	un pantalon	des balles	un papillon	un biberon	un bateau

2 p. 35	cirque zèbre maison cartable sac onze sucre poison fraise kangourou carton gazon
3 p. 35	oui noix mois foin
p. 36	der son coptère fique quette
p. 37	costume gymnastique géométrie
p. 38	marchent en ligne. graines dans la cour. le chien monte la garde. ont la peau du cou qui pend. la boue de la ferme.
p. 41	enfants tranquilles rêves cheminée l'obscurité toutes ville

5 Colle les autocollants dans la bonne colonne.

J'entends [d]	J'entends [t]

6 Recopie chaque légende sous son dessin. Souligne les mots en vert si tu entends [t] et en bleu si tu entends [d].

- La tarte au chocolat
- Le dessin d'un train
- Une raquette de tennis
- Danser dans la rue
- Une addition au tableau

Explique ce que tu vois sur chaque image. Lis les légendes puis surligne-les quand tu les as recopiées.

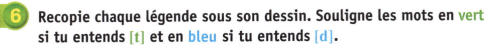

12 Lire les sons [m] et [n]

JE COMPRENDS

Les sons [m] et [n] sont très proches, les lettres **m** / *m* et **n** / *n* aussi. Il faut bien les reconnaître pour les lire et pour les écrire. On peut les rencontrer au début, au milieu ou à la fin des mots.

mardi / ton a**m**i / une fe**mm**e

le **n**avire / un ca**n**ot / une pa**nn**e

CONSEILS PARENTS

Jouez à dire chacun à votre tour un mot avec la lettre m puis la même chose avec la lettre n.

⭐ 1 Colorie le mot en bleu si tu entends [m].

| la maison | une marmite | ensemble | mamie |

| un moulin | la limace | une tartine |

| le matin | une bombe |

⭐ 2 Colorie le mot en vert si tu entends [n].

| un nounours | manger | nager | la fontaine |

| samedi | dimanche | mardi |

| des cannes | malin | un nid |

⭐⭐ 3 Place les autocollants dans les bonnes colonnes.

Je vois **m** et j'entends [m].	Je vois **m** mais je n'entends pas [m].	Je vois **n** et j'entends [n].	Je vois **n** mais je n'entends pas [n].

4 Colorie en bleu les m et en vert les n.

Comme chaque mercredi, les animateurs nous proposent une sortie. Ce matin, nous allons à la piscine avec le centre de loisirs.
Je ne sais pas encore bien nager mais je vais dans l'eau surtout pour m'amuser.

5 Sépare les mots et recopie la phrase.

Pendant/lapromenade,lesnuagesontcachélesoleiletlapluieesttombée.

Lis la phrase à voix haute.

6 Complète avec m ou n.

une .....oix

la .....er

un .....arteau

la .....iche

la .....ontagne

un a.....a.....as

Corrigés p. 5

Plus d'exercices et de conseils sur www.hatier-entrainement.com

27

13 Lire les sons [v] et [f]

JE COMPRENDS

Attention à ne pas confondre les sons [v] et [f] qui se ressemblent quand on les prononce.

une **v**ille / une **f**ille   il est vi**f** / elle est vi**v**e

CONSEILS PARENTS
Chaque fois que vous rencontrez un mot avec les lettres v ou f, faites-les épeler par votre enfant.

1 Écris VRAI ou FAUX.
- On peut rencontrer des mots avec deux **ff**. ....
- Les lettres **v** et **f** sont des consonnes. ....
- Dans **vendredi**, la première lettre est un **v**. ....
- On entend [v] dans tous les mois de l'année. ....
- Le son [f] est toujours à la fin des mots. ....

2 Complète les mots avec fi, fui, aff, if, fo ou fa.
- la ....rine
- des ....lles
- la ....rêt
- une ....te
- craint ....
- mes ....aires
- ....cile

3 Entoure les mots si tu entends [v].
- le navire
- la voiture
- attentif
- active
- la fatigue
- la bassine
- les livres
- nous lavons
- mon voisin
- la fin
- inviter

4 Remets les lettres dans l'ordre pour écrire des mots.

cellefi ....

raifes ....

lefilue ....

euf ....

Donne le nom de chaque image avant de l'écrire.

5 Complète avec **v** ou **f**.

un .....oilier   un .....our

une .....amille   un .....illage

6 Colle les autocollants dans la bonne colonne.

J'entends [v]	J'entends [f]

14 Lire les sons [e] et [ɛ]

JE COMPRENDS

Il existe plusieurs façons de lire et d'écrire les sons [e] et [ɛ].

[e]		[ɛ]	
é comme dans	él**é**phant	**è** comme dans	p**è**re
er comme dans	dans**er**	**est** comme dans	elle **est**
ez comme dans	vous all**ez**	**ai** comme dans	m**ai**son
et comme dans	**et** puis	**ei** comme dans	n**ei**ge
es comme dans	l**es**	**ê** comme dans	for**êt**

CONSEILS PARENTS
Sur le programme de télévision, proposez à votre enfant de compter les mots qui contiennent un e accentué.

★★ **1** Colle l'autocollant puis relie les syllabes pour former des mots et écris-les.

bé •
mati •
mar •
rai •
mê •
éli •

★ **2** Colorie en **vert** les mots avec la lettre **é**, en **jaune** ceux avec **è** et en **rouge** ceux avec **ê**.

écoute   poésie   rêve   fête

mère   très   passé

manège   sirène   même

30

3 Recopie les mots dans le tableau.

- un balai
- le nez
- il avait
- beige
- vous lavez
- une reine
- de la peine
- une falaise
- ils marchaient
- pleine
- vous parlez

ai	ez	ei

4 Entoure les mots qui contiennent er.

- le vélo
- aller
- acheter
- la poupée
- le marché
- marcher
- levez
- lever
- jetée
- jetez
- jeter
- rigolait
- rigoler

5 Complète avec les lettres é, er, ez, ai, ei, et.

- Vous écriv……. sur le mur.
- Tu as de la p…….ne.
- Il a f…….t tomb……. sa pomme.
- Elle a gagn……. la coupe.
- Toi ……. moi sommes amis.
- J'…….me regard……. le soleil qui se lève.
- Ce jou……. est cass…….
- Il a mal au n…….
- Sa m…….son a des volets verts.

Tu peux utiliser un dictionnaire pour valider tes réponses. Pense aussi à te servir des exemples de la règle page 30.

6 Colle les autocollants sur la case correspondante.

é	ai	è	er

ei	ez	et

Corrigés p. 6

Plus d'exercices et de conseils sur www.hatier-entrainement.com

15 Lire les sons [ã], [ɔ̃] et [u]

JE COMPRENDS

▶ Le son [ã] peut s'écrire :
- **an** comme dans éléph**an**t ,
- **en** comme dans **en**fin ,
- **am** comme dans ch**am**bre ,
- **em** comme dans s**em**bler .

▶ Le son [ɔ̃] s'écrit :
- **on** comme dans m**on**tre ,
- **om** devant **b** et **p** comme dans c**om**bler .

▶ Le son [u] s'écrit **ou** comme dans l**ou**p .

CONSEILS PARENTS

Sur des affiches, dans la rue, demandez à votre enfant de ne lire que les mots qui contiennent les sons [ã], [ɔ̃] et [u].

★ **1** Colorie le dessin quand tu entends [ã].

★ **2** Place les autocollants dans la bonne colonne du tableau.

on	om

32

3 **Colle l'autocollant et complète les mots avec la bonne syllabe.**

Les feuilles sont jaunes au mois de no………bre.

Pierre ………ge des bonbons.

Ce garçon a mal à la ………be.

Le lapin ………tre dans son terrier.

4 **Recopie les mots dans la bonne colonne.**

- poule • loupe • maman • trombe • trou
- enfant • trembler • longue • sombre • courte
- enfiler • temps • conte • lourde • ouverte

[ã]	[u]	[ɔ̃]

Souligne, dans chaque mot, les lettres qui forment le son avant de l'écrire dans la bonne case.

5 **Remets les syllabes dans l'ordre puis écris les mots.**

ron hi delle

son ris hé

bras em ser

16 Lire d'autres sons

JE COMPRENDS

- Le son [l] comme dans lundi et ballon.
- Le son [r] comme dans route et pierre.
- Le son [s] comme dans samedi, pousser, balance et garçon.
- Le son [z] comme dans zoo et musique.
- Le son [ʃ] comme dans cheval.
- Le son [ɛ̃] comme dans enfin, impossible, peindre, pain, faim.
- Le son « oi » comme dans boire.
- Le son « oui » comme dans fouine.
- Le son « oin » comme dans coin.
- Le son « ill » comme dans bille.
- Le son « ail » comme dans travail.
- Le son « ouille » comme dans grenouille.
- Le son « eil » comme dans soleil.
- Le son « euil » comme dans feuille.
- Le son [g] comme dans bague et garage.
- Le son [ʒ] pour jeudi, biologie et mangeais.
- Le son [k] pour carte, quatorze et képi.
- Le son [ɲ] pour campagne.

CONSEILS PARENTS

En déplacement, demandez à votre enfant de trouver 10 mots avec chacun des sons de la liste ci-contre.

1 Colorie en rose la lettre l, en bleu la lettre r, en vert la lettre s et en rouge les lettres ch.

Le renard dans la forêt est souvent l'animal le plus malin. Il sait se cacher pour attendre sa proie.

Chaque jour, il chasse seul et revient au terrier la gueule chargée de gibier.

2 Place les autocollants dans le tableau.

J'entends [z]	J'entends [k]

3 Complète les phrases avec les autocollants.

L'été se termine au .... de septembre.

Il ne faut dire ni .... ni non !

La vache a mangé tout le ....

L'écureuil a perdu sa ....

4 Complète les mots avec ill, ail, ouille, eil ou euil.

un appar................................ des b..............................es

un écur................................ de l'and............................

du trav................................ j'ai somm..........................

Lis avec tes yeux, puis prononce les mots à voix haute avant de les écrire.

Corrigés p. 6-7

Plus d'exercices et de conseils sur www.hatier-entrainement.com

35

17 Construire des mots

JE COMPRENDS

En regroupant des sons et des syllabes, on construit des **mots** qui ont un **sens**.

| ma + la + de = malade | voi + sin = voisin |

★ **1** Colle l'autocollant et relie le début à la fin du mot. Puis écris-les.

mai •

éti •

regar •

héli •

magni •

□ □ □

★★ **2** Remets les syllabes dans l'ordre puis écris les mots.

ven / re / tu / a → aventure

vier / jan → .... che / va → ....

lo / sty → .... ton / car → ....

rons / por / te / trans → ....

dre / des / cen → ....

ta / gne / mon → ....

co / é / le → ....

dre / di / ven → ....

ta / car / ble → ....

moi / ar / re → ....

ta / lon / pan → ....

□ □ □

36

3 Utilise chaque groupe de syllabes pour construire deux ou trois mots (tu n'es pas obligé(e) de toutes les utiliser).

che / min / val	va / vre / se / li
ma / la / sa / ba / de	mai / ner / son / re

4 Entoure la syllabe qui ne fait pas partie du mot et réécris-le.
voi(ga)ture → voiture

audotobus   gruavion

remorbique   biloucyclette   bâjonteau

camionfer   troquettinette

Lis les mots à voix haute : quand tu les as reconnus, écris-les.

5 Complète les mots avec les syllabes tè, oi, dau, gle, se, a, bé, plu ou te.

Les .... seaux volent au-dessus des nu ..... ges.
Dans la jun ...., le lion pro .... ge ses .... bés.
Au fond de l'océan, le .... phin se repo ....
Le coq au .... mage de feu chan ....

Assure-toi que tous les mots ont un sens et que tu peux les expliquer.

6 Colle l'autocollant du mot correspondant aux syllabes mélangées.

mé/o/gé/trie   me/tu/cos   que/ti/gym/nas

18 Construire des phrases

JE COMPRENDS

Pour construire une phrase, on doit écrire des mots dans l'ordre et vérifier que cela **veut dire quelque chose**.

Le chat dort dans son panier. C'est une phrase.

chat Le dans dort son panier. Ce n'est pas une phrase car cela ne veut rien dire.

CONSEILS PARENTS
Proposez à votre enfant le début d'une phrase que vous avez lue dans votre journal et demandez-lui d'inventer une fin.

1 Souligne les phrases.

- Tous les enfants jouent dans le parc.
- Oiseaux les volent ciel dans le.
- Regarde, les canards dorment sur le lac !
- Dans la forêt, srevanigne travble fertudfz ?
- Je préfère le vélo plutôt que les patins à roulettes.

2 Complète les phrases avec les autocollants.

- La poule mange des
- Le cochon se roule dans
- Les poussins jaunes
- Tous les dindons
- Pendant la nuit,

3 Complète les phrases comme tu veux.

- Dans sa cage, le lapin ....
- Le hérisson traverse ....
- .... l'agneau broute l'herbe.
- .... dans la mare.

4 Remets les mots dans l'ordre pour former une phrase et écris-la.

- sœur Le aide sa petite à s'habiller garçon.

- Mon dans petit jardin cousin va le.

- fait Ma des grand-mère à la confitures fraise.

- Ton adore tonton de gros pêcher dans la poissons rivière.

Barre les mots au fur et à mesure que tu les utilises.

5 Invente la fin de la phrase.

La famille souris ....
....

Corrigés p. 7

Plus d'exercices et de conseils sur www.hatier-entrainement.com

19 Lire des phrases ou un texte

JE COMPRENDS

Pour lire un texte, il faut **comprendre** tous les mots.
Dans un texte, toutes les phrases ont un sens et elles sont écrites dans un ordre. Il faut commencer au **début**, en haut à gauche pour aller jusqu'à la **fin**, en bas et vers la droite.

CONSEILS PARENTS

Invitez votre enfant à lire tous les écrits que vous rencontrez dans la rue.

1 Numérote les phrases pour remettre l'histoire dans l'ordre.

Ensuite, elle les promène dans sa chambre. ☐

La petite fille joue avec ses poupées. ☐

Enfin, elle les range dans son coffre à jouets. ☐

Elle doit d'abord les coiffer et les habiller. ☐

2 Barre l'intrus de chaque phrase.

- Le gros poisson nage masque dans son bassin.
- Tous les animaux fenêtre de la forêt sont sauvages.
- La girafe au long cou mange dents les feuilles du haut des arbres.
- Sous l'eau du fleuve, le crocodile coiffeur est le roi.
- Le singe saute de branche en branche pour se banane déplacer.

3 Barre tous les mots-intrus de l'histoire.

Dès le lever du soleil, le coq maison chante. Il réveille ainsi tous les habitants de matinée la ferme. Ceux de la basse-cour en premier forte. Le fermier nuit et la fermière sont les derniers debout. Enfin la journée peut commencer et le coq se dormir recoucher.

4 Deux histoires sont mélangées. Souligne les phrases de la première histoire en rouge et celles de la deuxième en vert.

Le loup dans la forêt attend sa proie. Le petit garçon fait du vélo pour la première fois. Il n'a pas mangé depuis plusieurs jours. Il voit un agneau. Il a très peur de tomber. Il lui saute dessus et le dévore. Il a mis des protections aux coudes et aux genoux. Il démarre et roule comme un champion. Enfin un vrai repas !
Il a réussi à faire le tour de la maison…

Dans chaque phrase, cherche le verbe qui donne l'action. Assure-toi que tu as lu chaque histoire séparément et que tu as compris de quoi elle parle.

5 Complète le texte avec les autocollants.

La nuit tombe sur la _____. Les lumières sont allumées et tous les _____ sont rentrés. Tout seul, dans _____, « Super Bébé » veille sur ses amis. Ils vont pouvoir dormir _____.

Il va survoler _____ les maisons et bloquer tous les mauvais _____ afin qu'ils n'entrent pas par la _____.

Merci Super Bébé !

Corrigés p. 7-8

Plus d'exercices et de conseils sur www.hatier-entrainement.com

20 Comprendre un texte
Identifier des personnages

JE COMPRENDS

Lire un texte, c'est lui donner du **sens**. Il faut identifier les **personnages**, comprendre les **actions**, reconnaître les **dialogues** et savoir raconter **l'histoire** avec ses propres mots.

CONSEILS PARENTS

Lorsque vous lisez une histoire à votre enfant, demandez-lui de vous donner les personnages principaux, le lieu, le moment et les différentes actions.

1 Lis cette histoire puis souligne le nom du personnage principal.

Le rêve de Dimitri

Dans son lit, Dimitri rêve. Cette nuit, il se prend pour un chevalier des temps jadis. C'est le jour du grand tournoi de lances et d'épées. Il a caché sous son armure le foulard bleu de la princesse. Il sera son héros et personne ne pourra le battre.

– Je vais gagner tous les combats pour vous, princesse ! crie Dimitri du haut de son grand cheval.

Après une dure journée de lutte, il arrive en finale face au chevalier rouge. Les chevaux s'élancent au grand galop, les lances s'entrechoquent dans un bruit de tonnerre et les deux cavaliers tombent au sol…

Dimitri sent un souffle chaud qui lui caresse le nez. Il ne veut pas ouvrir les yeux car il a compris que c'est la princesse Lilou qui lui donne enfin un baiser. Quand il veut la prendre dans ses bras, il se réveille et voit qu'il tient Toutou son petit chien tout noir. Fini le rêve, il faut aller à l'école…

2 Mets une croix si c'est vrai.

Dimitri rêve. ☐   Le chevalier rouge a gagné le combat. ☐

La princesse s'appelle Lilou. ☐   La princesse embrasse Dimitri. ☐

Le cheval se nomme Toutou. ☐

3 Recopie le titre du texte de lecture.

42

4 Recopie ce que dit Dimitri.

5 Réponds aux questions en faisant des phrases.
- Quelle est la couleur du foulard de la princesse ?

- Avec quelle arme Dimitri combat-il pendant la finale ?

- Qui réveille Dimitri ?

- Où va-t-il aller après son rêve ?

Pour chaque question, souligne dans le texte les éléments qui t'aident à répondre.

6 Écris avec tes mots à quoi rêve le héros de cette histoire.

Fais une phrase et vérifie l'orthographe avec les mots du texte.

Corrigés p. 8

Plus d'exercices et de conseils sur www.hatier-entrainement.com

43

Jeux de lecture

1. Mots mêlés

Retrouve et entoure dans la grille tous les mots de la liste.

À la maison

ASSIETTE – CANAPE – CHAISE – CHAMBRE – COUTEAU – CUISINE – FAUTEUIL – FENETRE – FOURCHETTE – LIT – PORTE – SALON – TABLE – TOILETTE

C	D	S	P	H	F	C	F	T	U
H	W	A	O	P	O	A	N	U	S
A	E	L	R	R	U	N	E	A	F
M	N	O	T	T	R	A	T	E	E
B	I	N	E	Y	C	P	T	T	N
R	S	U	M	X	H	E	E	U	E
E	I	E	T	T	E	L	I	O	T
L	U	T	I	L	T	B	S	C	R
Y	C	P	G	S	T	A	S	R	E
C	H	A	I	S	E	T	A	G	C

Jeux de lecture

2. Texte codé

À toi de décoder ce message ! À chaque lettre de l'alphabet correspond un nombre.

A	B	C	D	E	F	G	H	I	J	K	L	M	N	O	P	Q	R	S	T	U	V	W	X	Y	Z
1				18				22						13						14				21	

Puis recopie la phrase.

Jeux de lecture

3. Mots croisés

Remplis la grille à l'aide des définitions.

Horizontalement
4. Pour transporter beaucoup d'enfants.
5. Pour transporter peu de gens.
7. Pour rouler sur les chemins.
9. Pour rouler sur les rails.
10. Pour voler vers les étoiles.

Verticalement
1. Pour rouler sous terre.
2. Pour rouler sur la route.
3. Pour transporter les bébés.
6. Pour voler dans le ciel.
8. Pour naviguer sur l'eau.

4. Message mystère

Retrouve la phrase mystère en remettant les étiquettes dans le bon ordre.
Certaines sont déjà placées pour t'aider.

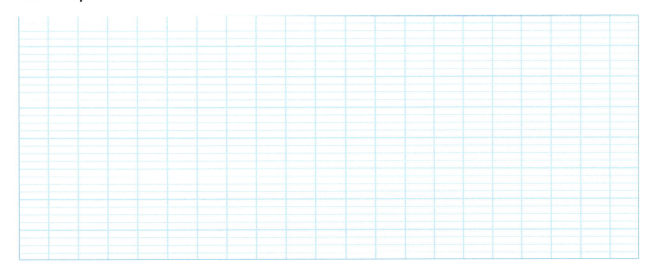

Puis recopie-la.

Mémo Chouette

- Tableau des sons

[a]	année, là, âne	[e]	écharpe, manger, nez, et, les
[o]	robot, chevaux, château	[ɛ]	mère, elle est, caisse, reine, rêve
[ɔ]	robe, or	[ɑ̃]	changer, enfant, chambre, temps
[y]	musée, flûte	[ɔ̃]	monstre, sombre
[ə]	grenier, brebis	[u]	bouchon, hibou
[ø]	feu, peu, cheveu	[l]	valise, allumer
[œ]	peur, cœur	[r]	radis, arriver
[i]	habit, dîner, maïs	[s]	sortir, basse, chance, balançoire
[p]	poule, apporter	[z]	maison, chemise, zoo
[b]	bouton, beau	[ʃ]	chemin, acheter
[d]	dent, broder	[ɛ̃]	lutin, timbre, peinture, pain, faim
[t]	tasse, attentif	[g]	grand, figue
[m]	maison, femme	[ʒ]	jouet, bougie, nageais
[n]	nourrir, panne	[k]	courir, quatre, kiwi
[v]	ville, avoir	[ɲ]	montagne, agneau
[f]	folle, affaire		